L'ARTICLE VI

VAUDEVILLE EN UN ACTE,

PAR

M. G. LABOTTIÈRE AÎNÉ.

Représenté pour la première fois sur le Téhâtre du Havre,

Le 23 Mars 1851.

HAVRE.

IMPRIMERIE DE CARPENTIER ET COMPAGNIE,

Rue de la Halle, n° 29.

1856

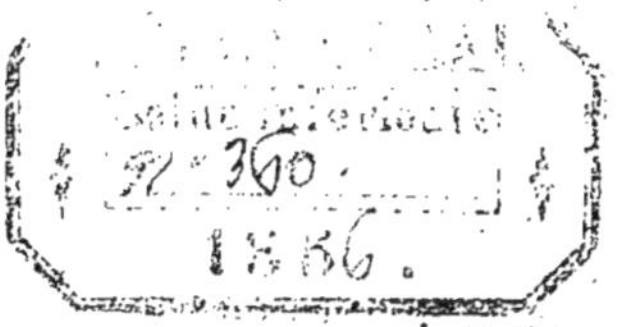

L'ARTICLE VI

Vaudeville en un acte.

L'ARTICLE VI

Vaudeville en un acte,

PAR

M. G. LABOTTIÈRE AÎNÉ.

Représenté pour la première fois sur le Théâtre du Havre,

Le 23 Mars 1851.

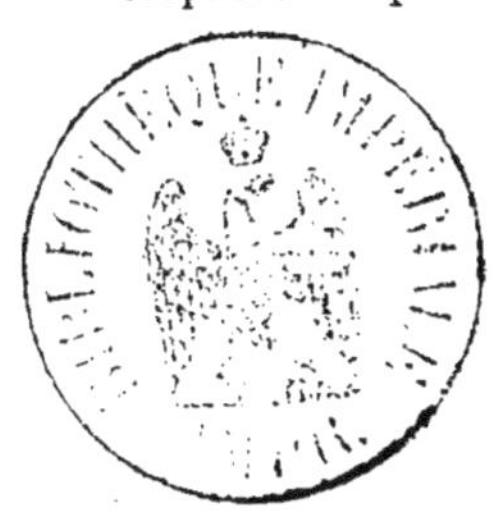

HAVRE.

IMPRIMERIE DE CARPENTIER ET COMPAGNIE,

RUE DE LA HALLE, N° 29.

1856

PERSONNAGES.

SERINGUET, négociant, marchand de toiles, calicots, etc........	MM.	DUCOURET.
FAISANDEAU, son associé.......		LOIRET.
ERNEST CLAIRVILLE, commis de la maison....................		GASPARD.
Mlle CAROLINE, nièce de Seringuet	Mmes	LÉONIE MAGNAN.
HORTENSIA PLUMASSON.........		JANNIN.
UN DOMESTIQUE..................		

La scène se passe à Paris.

L'ARTICLE VI

Vaudeville en un acte.

La Scène se passe à Paris.

Le Théâtre représente l'intérieur d'un bureau ; à droite et à gauche, des tables avec cartons et papiers dessus ; au fond, également une table ; portes au fond, à droite et à gauche.

Scène Ire.

SERINGUET, FAISANDEAU, ERNEST.

(Au lever du rideau Seringuet, Faisandeau et Ernest sont tous les trois assis et travaillent : Seringuet, au bureau de droite ; Faisandeau, à celui de gauche, et Ernest à la table du fond).

ERNEST (*haut*).

Six mètres soixante à trois francs : dix-neuf francs quatre-vingts ; — quatre mètres à trois francs cinquante...

SERINGUET (*interrompant un travail d'additions*).

Modérez les éclats de votre timbre, Ernest... vous me fatiguez le conduit auditif.

FAISANDEAU (*qui est occupé à feuilleter un registre, s'interrompant également*).

C'est vrai cela... que diable ! additionnez bas... il est impossible de travailler... vous n'êtes pas seul, *nom d'une cheville*... et vous devriez...

SERINGUET (*qui a continué ses additions*).

Faisandeau... il serait opportun que vous missiez fin à ces jérémiades... vos observations sont empreintes de justesse... *nonobstant et pour conclure*, arrêtez ce flux de paroles..... (*à lui-même*) Voyons... où en étais-je ?... ah ? c'est cela. Total..... quatre cent mille francs.... allons, allons, le bilan n'est pas désobligeant et Faisandeau sera satisfait, je le crois... Mais, vérifions si mes calculs ne seraient pas viciés par quelque erreur incohérente.

FAISANDEAU, (*à lui-même, mais parlant haut*).

Doit Madame... Ah ! cré coquin... j'ai oublié son nom... Madame... (*haut*) Ernest, comment nommez-vous cette dame qui est venue hier au magasin ?

ERNEST.

Laquelle ?...

FAISANDEAU.

Pardieu, je n'en sais rien, puisque je vous le demande... rappelez un peu vos souvenirs ; c'est une dame qui achète souvent... elle a une robe jaune, un châle rouge, un chapeau fané et une figure de même...

ERNEST.

Je n'ai aucune connaissance... peut-être étais-je sorti ?

FAISANDEAU.

Mais non... vous étiez là... *nom d'une cheville*... je perds donc la mémoire...

SERINGUET (*sévèrement*).

Le fait est, Faisandeau, que vous compromettriez nos intérêts par vos étourderies... Vous êtes trop jeune... eu égard à votre âge... vous êtes rarement dans votre assiette...

FAISANDEAU (*vivement*).

Ah ! j'y suis... c'est madame Tournemiche... Mais je n'en connais pas d'autres... et ce polisson d'Ernest qui me laisse là barbotter sans venir à mon aide...

ERNEST.

Effectivement.

FAISANDEAU (*à lui-même*).

Doit Madame Tournemiche à Faisandeau Seringuet et Ce, marchands de toiles, calicots, madapolams, etc, pour livraison de ce qui suit :... Ah ! *nom d'une cheville*... qu'est-ce que je lui ai donc livré... je ne m'en souviens plus... au fait... j'étais si troublé... cette femme qui s'était arrêtée devant le magasin et dans laquelle j'avais cru reconnaître Hortensia ?... Quel cauchemar !...

SERINGUET (*qui a continué la vérification, à lui-même*).

C'est juste... c'est fort juste...

FAISANDEAU (*à lui-même, en se levant*).

Par bonheur, elle ne m'aura pas reconnu... Ah ! si Seringuet connaissait cette aventure !

SERINGUET (*se levant et appelant à lui Faisandeau*).

Faisandeau... prêtez-moi votre ouïe pour un certain laps... notre balance est terminée... n'êtes-vous pas désireux que je vous en exhibe le résumé ?

FAISANDEAU.

Exhibez, mon cher Seringuet, j'adore l'éloquence de vos chiffres ; (*à part*) Diable d'Hortensia, la seule pensée de cette apparition imprévue absorbe toutes mes facultés... (*à Seringuet*) ! Vous dites donc que nous avons...

SERINGUET (*avec mystère*).

Un instant (*il prend un papier sur son bureau. A Ernest*). Ernest, il serait indispensable que vous vous transportassiez à la banque, à l'effet d'y encaisser le bon ci-joint... *nonobstant et pour conclure*, portez à cette démarche une scrupuleuse attention... la somme étant majeure.

ERNEST.

Il suffit, Monsieur Seringuet... j'y cours et je reviens aussitôt.

MORCEAU D'ENSEMBLE.

AIR : *du Cheval de Bronze* (motif de l'ouverture).

SERINGUET (*à Ernest*).

Allez, avec diligence,
Pour nous, chercher de l'argent :
C'est demain, jour d'échéance,
Le motif est très urgent.

FAISANDEAU (*à part*).

Je frémis, lorsque j'y pense,
De voir paraître à nos yeux,
Après une longue absence,
Hortensia dans ces lieux.

ERNEST.

Je cours avec diligence
Pous vous, chercher de l'argent :
C'est demain jour d'échéance,
Le motif est très urgent. (*Il sort.*)

Scène II.

FAISANDEAU, SERINGUET.

SERINGUET.

Comprîtes-vous, Faisandeau, où je tendais en évinçant subrepticement ce jeune homme de notre compagnie.

FAISANDEAU.

J'ai saisi... Seringuet, vous voulez me faire connaître secrètement le résultat de nos travaux.

SERINGUET.

Vous avez posé l'index dessus... oui, mon ami... je veux vous annoncer que cette année a été plus prospère encore que les précédentes... (*d'un air mystérieux et après s'être assuré que personne n'écoutait*) trente mille francs de bénéfice, Faisandeau..... c'est un beau denier ! !.

FAISANDEAU.

Trente mille francs !... se peut-il ?...

SERINGUET.

Chiffre officiel... ce qui porte aujourd'hui notre capital

à quatre cent mille francs... C'est un bel avoir... Faisandeau !

FAISANDEAU.

Encore les quatre années qui nous séparent du terme de notre association et...

SERINGUET (*avec enthousiasme*).

Et nous atteignons l'horizon de nos désirs... nous possédons un demi-million, ce rêve de notre vie commerciale.

FAISANDEAU (*de même*).

Oui, et pour ma part, devenu quarto-millionnaire, j'épouse votre charmante nièce, cette chère Caroline.

SERINGUET (*sévèrement*).

Faisandeau ! Modérez cette ardeur tropicale... vous dépassez la ligne... elle est intempestive... je dirais même malséante... Caroline sera votre femme, un jour, je le sais... *nonobstant et pour conclure*, assez sur ce chapitre... Vous avez une propension très blâmable à vous occuper... de distractions féminines...

FAISANDEAU (*gaiement*).

Mais il me semble, mon cher ami, qu'on peut un instant... La femme est un être...

SERINGUET.

Plus un mot, Faisandeau... où je romps cette conversation en vous cédant le parquet.

FAISANDEAU.

Allons, ne vous fâchez pas, Seringuet, et revenons à nos affaires. Oui nous devons être fiers de nos succès, car c'est à notre travail, à nos soins constants, à notre...

SERINGUET.

Un peu à tout cela, Faisandeau, mais principalement à l'article six.

FAISANDEAU (*riant*).

C'est possible... ce diable d'article six n'est peut-être pas étranger...

SERINGUET (*vivement*).

Peut-être pas étranger !. . Ah ! Faisandeau; je ne m'attendais pas à cette locution dubitative ! Peut-être pas! ! Ah ! ça, mais seriez-vous assez dépourvu de sagace pour n'avoir pas apprécié depuis seize ans le mérite incontestable de cet article?...

FAISANDEAU.

Comment donc, moi !.. bien au contraire... l'article six!!! mais c'est notre...

SERINGUET.

AIR : *Valse des Comédiens.*

L'article six... mais c'est notre fortune
Notre avenir, notre bien, notre tout,
C'est le Trident, soutien du vieux Neptune,
C'est au joueur la main pleine d'atout,
C'est un trésor sans fonds, inépuisable,
C'est une mine, où l'or brille en monceau,
C'est du bonheur la source intarissable,
Coulant en paix, ainsi qu'un clair ruisseau,
L'article six c'est le paratonnerre,
Qui de la foudre a préservé nos fronts
C'est lui, qui, seul, nous donne sur la terre.
Le calme heureux, où tous deux nous vivons.

FAISANDEAU.

Certainement, *nom d'une cheville*, c'est... ce que vous venez de dire (*à part*) Ah ! Hortensia, que le ciel me préserve de ta présence.

SERINGUET.

Que loquacez-vous ainsi à vous-même ?... vous paraissez préoccupé ?... auriez-vous perdu quelque chose ?

FAISANDEAU (*troublé*).

Perdu... mon Dieu, non... au contraire...

SERINGUET.

Comment ?

FAISANDEAU.

Ça n'est rien, mon cher.... Ainsi donc, dans quatre ans, en mil huit cent cinquante-six... il y aura déjà seize ans que nous sommes ensemble...

SERINGUET.

Très certainement, c'était en avril mil huit cent quarante.

FAISANDEAU.

Oui ma foi... en mil huit cent quarante... je me rappelle cela comme si c'était hier... Je venais de faire un héritage... vingt mille francs... c'était beaucoup, pour moi qui n'avais rien... Vous me dites : Faisandeau, vous possédez vingt mille francs, une intelligence assez médiocre ; quant à moi, je n'ai pas un sou vaillant... mais, par contre, j'ai du savoir et surtout de l'habileté... Mettons tout cela ensemble et fondons une maison de commerce... Nous réussirons, j'en ai l'assurance... S'il en était autrement...

SERINGUET.

S'il en en était autrement, ajoutai-je, il me restera toujours mon savoir et mon habileté...

FAISANDEAU.

Et moi je n'aurai même plus mon argent... mais bast... le commerce me plaisait... vous exerciez sur moi un certain empire... et, ma foi, j'acceptai. Deux jours après nous rédigions notre acte de société...

SERINGUET.

Non sans quelques dissidences ;... car vous vous opposiez à l'interpolation de l'article six...

FAISANDEAU.

Je l'avoue ; il me paraissait quelque peu sévère...

SERINGUET.

Nonobstant et pour conclure, vous goûtâtes mon raisonnement, appréciâtes la valeur des arguments que je développai, et accédâtes nfin à mes désirs... Après quoi vous votâtes l'article six.

FAISANDEAU.

Oui... et je me le rappelle mot pour mot... car vous me l'avez assez souvent répété :... *Article six.* « Vu la grande expérience que le sieur Seringuet, l'un des signataires audit acte, a acquise du...

SERINGUET (*vivement*).

Silence... voici quelqu'un...

Scène III.

ERNEST (*entrant*), SERINGUET, FAISANDEAU.

ERNEST.

Monsieur Faisandeau... on vous demande au magasin...

FAISANDEAU (*un peu effrayé*).

Qui ça... une dame ?...

ERNEST (*souriant*).

Non vraiment... un négociant de la province qui voudrait s'entendre avec vous pour quelques achats importants...

FAISANDEAU.

Mais est-il bien nécessaire que je descende... et ne pourriez-vous vous-même, mon cher Ernest ?

SERINGUET (*sévèrement*).

Y songez-vous Faisandeau ? si peu d'égards pour un honorable industriel... un client, qui s'adresse de préférence à notre maison, ce serait de la plus haute indécence... Descendez,... mon ami, et colloquez avec lui...

FAISANDEAU.

J'y vais... Ce que je disais... (*à part*) pouvu qu'Hortensia ne se présente pas à ma vue... (*à Seriuguet*) Je descends... mais je remonte bientôt, car il faut que je termine la facture de Madame Tournemiche. (*Il sort*).

MORCEAU D'ENSEMBLE.

AIR : *Robert (la Sicilienne).*

SERINGUET (*à Faisandeau*).

Parlez avec politesse
Soyez même un peu calin,
Et placez avec adresse
Nos vieux fonds de magasin.

FAISANDEAU (*à part*).

Oh ! de grâce en ma détresse
Prends pitié de moi, Destin,
Et fais que cette tigresse
Ne soit pas sur mon chemin.

Scène IV.

ERNEST, SERINGUET.

SERINGUET.

Quant à nous... Ernest... reprenons nos travaux...

ERNEST.

Oui... Monsieur... toutefois j'aurais à réclamer de votre obligeance un moment d'entretien, et si vous le permettez je profiterai de l'absence de votre associé... Monsieur Seringuet... j'ai une demande à vous adresser...

SERINGUET.

S'agit-il d'augmentation... vous n'ignorez pas, mon cher Ernest, que je vous affectionne essentiellement... parlez ; quels sont vos émoluments actuels ?...

ERNEST.

J'ai la table, le logement... et l'entretien, mais je ne gagne rien...

SERINGUET.

C'est trop peu..... à dater d'aujourd'hui je double vos appointements.....

ERNEST.

Il ne s'agit pas d'argent... Monsieur... mais d'une question d'un plus haut intérêt... J'aurais dû, je le sais, me taire encore... différer cette explication... mais je ne puis vivre plus longtemps dans cette cruelle incertitude...

SERINGUET.

Que voulez-vous dire... je ne vous comprends pas...

ERNEST (*vivement*).

Monsieur Seringuet, j'aime...

SERINGUET.

C'est une grande faute, mon cher ami, et il faudra vous corriger de cette infirmité.

ERNEST.

J'aime comme un fou...

SERINGUET.

Il est assez difficile d'aimer autrement...

ERNEST.

Une femme...

SERINGUET (*l'interrompant*).

Il m'eût fort étonné que ce fût un être d'un tout autre sexe...

ERNEST.

Et cette femme, c'est...

SERINGUET.

Achevez... vous m'intriguez pyramidalement...

ERNEST.

C'est mademoiselle Caroline...

SERINGUET (*avec stupéfaction*).

Ma nièce!!!!

ERNEST.

Oui, mademoiselle Caroline, que j'adore de toutes les forces de mon âme. Cet amour que j'aurais voulu renfermer au fond de mon cœur, devient chaque jour plus grand... plus indomptable... j'ai voulu m'éloigner..... quitter cette demeure... vains efforts... Maintenant je ne puis me taire plus longtemps... chassez-moi de votre maison, ou donnez-moi l'espoir qu'un jour, si éloigné qu'il soit, il me sera permis d'aspirer à sa main...

SERINGUET.

Je vous ai écouté jusqu'au bout... Monsieur Ernest... la stupéfaction et le saisissement m'ayant momentanément privé de l'usage de mon tuyau vocal! Maintenant que ces rouages ont repris leurs fonctions, je condescends à vous dire qu'une pareille prétention est entachée de folie...

ERNEST.

Quoi! Monsieur Seringuet! pas un seul mot d'espoir.

SERINGUET.

Pas un seul... *Nonobstant et pour conclure,* je veux bien vous apprendre que la main de Caroline est promise, engagée...

ERNEST.

Mais à qui?...

SERINGUET.

Ceci est mon secret et vous me permettrez de vous le céler.

ERNEST.

Monsieur Seringuet, je respecte vos volontés... je n'insiste pas. D'un seul mot, vous avez prononcé le malheur de ma vie.

SERINGUET.

(*A part*) Lui... Ernest... que j'aime... lui, mon... (*A Ernest*) Mon ami, réfléchissez... votre malheur! y pensez-vous?

ERNEST.

J'ai réfléchi, Monsieur, et dès aujourd'hui je m'éloigne de cette maison où je n'aurais jamais dû entrer...

SERINGUET.

Non pas... non pas... je ne souffrirais pas que vous

nous quittassiez ainsi... brusquement ;... J'ai pour vous une sincère affection... Votre mère que vous perdîtes, étant encore enfant, vous recommanda à moi, à son lit de mort... j'ai promis de veiller sur vous, de vous établir un jour... je tiendrai ma promesse... *Nonobstant et pour conclure*, je ne puis vous accorder une chose aujourd'hui impossible... Oubliez cette idée de mariage qui traversa les cavités de votre cerveau..., restez avec nous... travaillez avec ardeur et vous n'aurez pas à vous en repentir, je vous en stipule l'assurance.

ERNEST.

Monsieur Seringuet, votre bonté me touche à l'excès, mais je veux... je dois partir.

Scène V.

FAISANDEAU (*entre sur ces derniers mots*), ERNEST, SERINGUET.

FAISANDEAU.

Partir... Qui ça ?... Qui parle de départ ?

ERNEST.

Moi, Monsieur, des motifs graves, dont Monsieur Seringuet apprécie toute l'importance, me font une loi de m'éloigner, non pas seulement de cette maison, mais plus encore... de Paris.

FAISANDEAU.

Vous éloigner,... vous... notre premier commis,... qui possédez toute notre confiance... non... non... ah ! bien, *nom d'une cheville*, ça serait drôle.

ERNEST.

Cela sera pourtant ainsi, Monsieur Faisandeau.

FAISANDEAU.

Mais, le diable m'emporte, c'est de la folie !... il est toqué... qu'en dites-vous, Seringuet ?

SERINGUET.

Je le crois, en effet, quelque peu frappé du *delirium tremens*... latinement parlant... ou si vous le préferez dans un état de dislocation des facultés cérébrales... mais j'aime à espérer que ces symptômes fâcheux vont bientôt disparaître. Laissons-le à ses réflexions,... aussi bien l'aiguille parcourt rapidement la distance qui la sépare du chiffre trois et vous vous rappelez, Faisandeau, que c'est à trois heures que ce fabricant nous a donné rendez-vous... Ainsi prenez votre chapeau et locomotivons-nous vers sa demeure. (*Seringuet prend son chapeau, se dirige vers la porte, et sort lentement.*)

FAISANDEAU.

Oui, cher ami... me voici à l'instant; mais... un seul mot à Ernest. (*à Ernest*) Ah ça, mon cher... c'est une plaisanterie... vous ne partirez pas ?

ERNEST.

Rien n'est plus sérieux... c'est une décision irrévocable...

FAISANDEAU (*à Ernest*).

Ah! bast... un enfantillage... quelqu'amourette... quelques fredaines... et comme Seringuet est assez chatouilleux sur ce chapitre, il se sera emporté... Allons... allons, vous me conterez cela quand je serai revenu... je ne suis pas comme Seringuet, moi... je suis très indulgent... j'en ai fait aussi pas mal de farces de toute nature (*à part*) Oh ! Hortensia tu es là pour le dire... (*Haut*) A tantôt... (*Il sort*).

Scène VI.

ERNEST (*seul*).

Non, ce n'est pas une amourette... c'est une passion sérieuse à laquelle je ne puis résister... Quoi de plus naturel en effet... n'ai-je pas été élevé avec Caroline.... n'avons-nous pas grandi ensemble... cette amitié que jadis je ressentais pour elle a pris à mon insu le caractère de l'amour... Mais j'entends ses pas... c'est elle... je ne me trompe pas... Ah ! cachons mon trouble. (*il se rassied et feint d'écrire*).

(*Caroline entre vivement*).

Scène VII.

CAROLINE, ERNEST.

CAROLINE.

Ce que j'ai entendu serait-il vrai, Ernest ? Vous voudriez nous quitter.

ERNEST.

Des motifs graves, des devoirs impérieux m'ont, en effet, dicté cette résolution.

CAROLINE.

Des motifs !... des devoirs !... et lesquels ?... Ne me les ferez-vous pas connaître, à moi... à moi, votre meilleure amie ?...

ERNEST.

A vous moins peut-être qu'à toute autre...

CAROLINE.

Moins qu'à toute autre !... Ah ! je le vois ! vous m'avez retiré votre confiance, votre amitié ?...

ERNEST.

Mon amitié... Oh ! Caroline... pouvez-vous la mettre un seul instant, en doute ?

CAROLINE.

Eh ! bien, non, Ernest... j'y crois... mais j'en veux une preuve. Repondez-moi, avec franchise. Quels motifs vous font quitter cette maison...

ERNEST.

Je ne puis répondre à cette question, Caroline. Je vous

en supplie... n'insistez pas... Croyez bien, oh ! oui, croyez bien que toute ma vie, si longue que Dieu la fasse, je me rappelerai votre gracieuse bonté.... votre touchante affection ;... Et dans la nouvelle position qui bientôt vous sera faite... soyez heureuse... bien heureuse... c'est mon vœu le plus ardent...

CAROLINE.

Une nouvelle position !... Je ne sais ce que vous voulez dire !... Être heureuse !... moi !... mais je le suis, ou du moins je l'étais, car d'un mot vous avez détruit mes rêves de bonheur... Voyons, Monsieur, répondez... qu'entendez-vous par cette position qui va m'être faite ?...

ERNEST.

Votre surprise m'étonne ;... et votre mariage ?...

CAROLINE.

Mon mariage !... à moi ?

ERNEST.

Sans doute.

CAROLINE.

Mais qui donc me marie ?

ERNEST.

Votre oncle, Monsieur Seringuet.

CAROLINE.

Qui vous l'a dit ?

ERNEST.

Lui-même.

CAROLINE.

Pourriez-vous, au moins, vous qui êtes si bien instruit, m'apprendre le nom de ce futur époux ?

ERNEST.

Je l'ignore.

CAROLINE.

Eh bien, moi de même.

ERNEST.

Se peut-il !

CAROLINE.

En tous cas, il faut pour ce mariage deux consentemens, et en admettant que, sans me consulter, mon oncle ait disposé de ma main, il me reste à moi le droit de refuser.

ERNEST.

Vous! Caroline, vous refuseriez?

CAROLINE (*vivement*).

Sans hésiter... Puis-je donc accorder ma main, quand mon cœur...

ERNEST.

Achevez... par grâce...

CAROLINE (*troublée*).

Non... j'en ai trop dit... Ernest... vous resterez... n'est-il pas vrai... vous me le promettez... mon ami...

ERNEST (*se jette à ses pieds*).

Oui, ma Caroline bien aimée... et toute ma vie sera trop courte pour payer cet instant de bonheur...

Scène VIII.

(Hortensia paraît à la porte. Elle est vêtue avec excentricité. Elle contemple les jeunes gens et lève les bras dans une attitude d'admiration).

HORTENSIA, ERNEST, CAROLINE.

HORTENSIA.

Ah! bravo!...! Ah! jour de Dieu, que c'est attendrissant... Mes enfants, prêtez-moi un mouchoir, que je verse quelques larmes...

ERNEST (*en se voyant surpris, s'est relevé très contrarié*).

Madame, que demandez-vous?...

HORTENSIA.

Ce que je demande !... Je ne vous adresserai pas la même question, jeune homme ; ça se voyait de reste, quand vous étiez aux pieds de cette belle enfant qui rougit pudiquement... et je le conçois.... (*en soupirant*) Moi aussi j'ai rougi... autrefois !!...

ERNEST.

Tout cela, Madame, ne m'explique pas...

HORTENSIA.

Le but de ma visite !... c'est vrai... Au fait, ce n'est pas à vous que je voulais parler.

ERNEST (*avec impatience*).

Mais à qui donc, alors?

HORTENSIA.

A un *sieur* Faisandeau.

ERNEST.

A Monsieur Faisandeau ?

HORTENSIA.

Oui, à *Monsieur* Faisandeau, si vous aimez mieux.... Est-il ici, le bélitre ?

ERNEST.

Non, Madame, il est sorti ;... mais, si vous voulez descendre au magasin, vous pourrez l'attendre à loisir.

HORTENSIA.

Eh bien, vous êtes encore poli... vous ;... que je fiche mon camp.... pour que vous puissiez reprendre votre conversation au point où vous l'avez laissée...

CAROLINE.

Vous vous trompez, Madame, telle n'est pas l'intention de Monsieur Ernest... Aussi bien, vous pouvez attendre ici Monsieur Faisandeau... il ne peut tarder à revenir... et je me charge moi-même de l'avertir de votre présence.

HORTENSIA.

C'est ça, mon petit cœur... allez... et envoyez-moi le Faisandeau dès qu'il paraîtra. (*Caroline salue et sort.*)

Scène IX.

HORTENSIA, ERNEST.

HORTENSIA (*à Ernest*).

Ah! ça,... jeune homme, vous me faites l'effet d'un fameux gaillard, mais... un tantinet imprudent.... Si, par aventure, il était survenu une autre personne que moi?... le papa de l'enfant... par exemple?... ça pouvait devenir grave. Croyez-moi, une autre fois tenez-vous plus sur vos gardes.... Je sais bien qu'on n'est pas toujours maître de soi... (*elle soupire*) j'en ai souvent fait la cruelle expérience!

ERNEST (*sérieusement*).

Permettez-moi de vous dire, Madame, que si vous m'avez trouvé aux pieds de Mademoiselle Caroline... c'est que...

HORTENSIA.

Elle avait laissé tomber son mouchoir... et qu'en galant chevalier... vous le lui ramassiez... Connu, jeune homme, connu... Moi aussi, j'ai jeté... pas mal de mouchoirs... et il s'est toujours trouvé quelqu'un pour me les rapporter... jadis... car maintenant...

Air : *Ronde des deux maîtresses* (*Corde sensible*).

Au temps jadis, ma grâce séduisante,
Mon front charmant, mon maintien gracieux,
Mon doux sourire et ma taille agaçante
De l'autre sexe attiraient tous les yeux.
L'un me disait :... Ah! partagez ma flamme,
Pitié pour moi... payez-moi de retour!
Un autre, en pleurs, me jurait sur son âme
Qu'il se tuerait... s'il n'avait mon amour.
Que voulez-vous, hélas! mon cœur sensible
A trop souvent frémi d'un doux émoi,
Et c'est ainsi qu'un pouvoir invincible
De Cupidon m'a fait subir la loi.

(*Vivement*) Bref... mon cher... vos affaires ne sont pas

les miennes et je m'en moque comme de Colin Tampon... Ah ! ça... mais fichtre de fichtre... le Faisandeau tarde bien à rentrer.

ERNEST.

Dans quelques minutes il sera ici... il est sorti avec son associé.

HORTENSIA (*avec étonnement*).

Un *associé* !.... il a un *associé* !... ça ne se refuse rien... et quel est-il cet *associé* ?

ERNEST.

Monsieur Seringuet.

HORTENSIA.

Comment dites-vous, jeune homme ?

ERNEST.

Monsieur Seringuet.

HORTENSIA.

Se peut-il... mais son petit nom, le connaissez-vous ?

ERNEST.

Sans contredit...

HORTENSIA.

N'est-ce pas Polycarpe ?

ERNEST (*riant*).

C'est cela-même.

HORTENSIA.

Ah ! jour de Dieu !... quelle aventure !... Jeune homme ! j'éprouve le besoin de me trouver mal ! par grâce un siége... quelque chose...... je me sens défaillir...

ERNEST (*à part*).

Ah ça, mais elle est folle, cette femme-là (*il va chercher un siége*).

HORTENSIA (*avec stupéfaction*).

Seringuet et Faisandeau ! ensemble réunis !... en voilà

une... d'histoire! C'est donc cela que sur le papier j'avais lu, après Faisandeau, quelque chose qui ressemblait à Seringuet sans T... je croyais que c'était un nom de baptême. (*A Ernest, qui lui apporte une chaise*) Merci, jeune homme... merci... me voilà remise... ça n'est rien... une manière de suffocation... Jadis j'appelais cela des vapeurs... mais aujourd'hui mes moyens ne me permettent plus une qualification aussi recherchée... Jeune homme, vous avez une figure qui prévient en votre faveur... vous me paraissez digne de toute ma confiance... je vous écoute... répondez-moi sans crainte... Depuis combien de temps le Faisandeau est-il l'associé de Seringuet?... Ont-ils gagné de l'argent?... Sont-ils riches ou simplement à leur aise?... L'enfant que vous adorez est-elle leur fille ou du moins la fille de l'un deux?... quoique pourtant il se peut que tous les deux?... mais assez sur ce chapitre... En un mot, jeune homme, faites-moi la biographie la plus détaillée de ces deux vendeurs de calicots...

ERNEST (*qui a paru impatienté pendant cette tirade*).

Il ne m'appartient pas de répondre à des questions que je pourrais qualifier d'indiscrètes;... toutefois je veux bien vous dire que Mademoiselle Caroline est la nièce et non la fille de Monsieur Seringuet. Après quoi je me renferme dans un complet silence.

HORTENSIA.

C'est juste... c'est fort juste, car avant tout je dois vous raconter mon existence.... vous narrer mes aventures... mes amours... ça sera long, prenons des chaises...

ERNEST.

Mais, Madame,..... je n'ai pas le temps d'écouter vos histoires...

HORTENSIA.

Une seule, jeune homme, tenez... celle qui a trait à ce gueux de Seringuet... Figurez-vous qu'il y a vingt-deux ans de cela... est-ce bien vingt-deux ans... ma foi, oui! je venais de débuter à Bordeaux en qualité de danseuse légère ; j'avais alors toutes les qualités de l'emploi : pied migoon, jambe fine et une taille !... à faire mourir une guêpe de jalousie,..... Au cinquième étage de la maison que j'habitais rue Ste-Catherine...

ERNEST.

Rue Ste Catherine, à Bordeaux !... mais, c'est là, Madame, où je suis né.

HORTENSIA (*examinant Ernest avec une attention soutenue*).

Vous!... mais j'y pense... son âge!... ce nom d'Ernest que l'enfant a prononcé !... ces traits que je n'avais pas envisagés !... Jeune homme, répondez-moi... votre mère s'appelait?...

ERNEST.

Ernestine Clairville.

HORTENSIA.

Ernestine.. (*à part*) oh! rencontre inattendue ! (*haut*) Jeune homme, précipite-toi dans mes chastes bras... (*avec attendrissement*) tu vois en moi la meilleure amie de ta pauvre mère.

ERNEST.

Une amie de ma mère!... vous, Madame?...

HORTENSIA.

En douterais-tu ?

ERNEST (*tendant la main à Hortensia*).

Moi, non certes...

HORTENSIA.

Brave jeune homme!... mais, dis-moi, comment es-tu ici... chez Seringuet... (*à part*) le séducteur de cette pauvre Ernestine.

ERNEST.

Je lui fus recommandé par ma mère mourante et lorsque ce cruel évènement fut accompli, Monsieur Seringuet me prit chez lui, me fit élever au collége et, plus tard, j'entrai dans sa maison en qualité de commis.

HORTENSIA.

Très bien... et cette conduite honore le Seringuet... De sorte que tu ignores...

ERNEST.

Et quoi donc?

HORTENSIA.

Rien... (*à part*) cachons à ce jeune homme le nom de son auteur puisqu'il désire garder l'anonyme. (*Haut*) Tu es donc — permets-moi un tutoiement qui me rappelle mon intimité avec ta mère — tu es, cher enfant, sur le point d'épouser la nièce de Seringuet...

ERNEST.

Hélas! non; un pareil bonheur ne m'est pas réservé... sa main est promise.

HORTENSIA (*avec assurance*).

Il la dépromettra...

ERNEST.

Vain espoir!...... car, tout me l'indique, c'est à son associé... à Monsieur Faisandeau, que Caroline doit être un jour unie.

HORTENSIA (*avec surprise*).)

A Faisandeau!... à ce hors-d'œuvre de Faisandeau!... Non, non, cela ne sera pas... rassure-toi, aie confiance en moi et je te prouverai que quand j'aime les gens je sais bien les servir... Je n'étais venue que dans le dessein de confusionner uu peu le Faisandeau que le hasard avait offert à ma vue. Maintenant je crois que c'est le ciel qui m'a inspiré cette démarche, car elle servira à assurer ton bonheur... tais-toi, j'entends du bruit... quelqu'un vient (*à part*) c'est sans doute le monstre en question...

Scène X.

SERINGUET, HORTENSIA, ERNEST.

SERINGUET (*En entrant, il répond à Caroline à la cantonnade*).

Faisandeau?... il sera ici dans un laps fort court...

ERNEST.

Madame, voici Monsieur Seringuet, je vous laisse avec lui (*il sort et parle bas à Seringuet*).

SERINGUET.

Très bien, *nonobstant et pour conclure*, je vais voir cette personne qui le demande et... (*il se retourne et salue Hortensia qui lui fait une grande révérence*) ah! la voilà...

HORTENSIA.

(*A part*) Le Seringuet... fichtre de fichtre... qu'il est déjeté (*Haut*). C'est à Monsieur Seringue... (*elle mâche la dernière syllabe*) que... (*elle salue*).

SERINGUET.

Seringuet, Madame... (*Il salue.*)

HORTENSIA (*avec douceur*).

C'est à Monsieur Seringuet que j'ai l'honneur de parler... (*Elle salue.*)

SERINGUET.

En personne,... Madame (*Il salue.*)

HORTENSIA (*avec douceur*).

L'associé de *Monsieur* Faisandeau? (*Elle salue.*)

SERINGUET (*impatienté*).

Oui, Madame, qu'y a-t-il pour votre service et que requérez-vous de moi ?...

HORTENSIA (*d'un ton décidé*).

De vous, rien... ma foi... mon cher,... c'est *au* Faisandeau que j'ai affaire...

SERINGUET (*à part*).

Son cher!... elle est un peu libre cette dame. (*Haut*) A lui ou à moi c'est identiquement la même mesure... veuillez donc me dérouler...

HORTENSIA.

Je n'ai rien à vous dérouler, mon cher Monsieur ! c'est

au Faisandeau seul, je vous le répète, que je veux parler !... (*s'approchant de Seringuet*) plus tard j'aurai sans doute avec vous un moment d'entretien.

SERINGUET (*stupéfait*).

Vous suspendez ma respiration, Madame, par la surprise pyramidale dans laquelle vous me plongez... Faisandeau n'a point de famille... point de relations, et je ne sache pas que personne ait rien à lui communiquer en dehors des opérations commerciales.

HORTENSIA.

C'est aussi pour une opération de cette nature que je me présente ici ;... mais c'est une affaire qui lui est toute personnelle.

SERINGUET.

Vous me lancez, Madame, dans un labyrinthe de présomptions conjecturales... *nonobstant et pour conclure,* livrez votre personne à un siége... et expectez la venue de mon associé... En attendant, permettez-moi de reprendre mon labeur. (*Seringuet s'assied à son bureau.*)

HORTENSIA.

Reprenez tout ce que vous voudrez, mon cher Monsieur, je vais me percher un instant (*elle s'assied ; à part*) si je tâchais d'intéresser Seringuet au sort des deux enfants ; ma foi, attendons Faisandeau, c'est lui qui doit m'aider en cette circonstance.

SERINGUET (*à part*).

Cette dame a une tournure assez décolletée... ça doit être une parente de Faisandeau... En tous cas, elle ne paraît pas avoir sucé de très bons principes d'éducation. (*Haut, à Hortensia*) Je vous demande pardon, Madame, de mon absence de loquacité ; mais, vous le savez, dans le commerce.

HORTENSIA.

Comment donc... mais on ne s'appartient pas... je sais cela par expérience... Quand j'étais dans les affaires je m'en suis aperçue plus d'une fois...

SERINGUET.

Ah ! vous cultivâtes la branche commerciale ?

HORTENSIA.

Pas précisément,... j'étais artiste...

SERINGUET.

En cheveux ?

HORTENSIA (*avec fierté, en se levant*).

Artiste chorégraphique... Telle que vous me voyez,... mon brave homme,... j'ai été fort longtemps premier sujet dans la danse... je faisais les amours, puis je suis passée...

SERINGUET.

Que voulez-vous, c'est le sort commun...

HORTENSIA.

Vous ne me comprenez pas... je suis passée dans les rangs inférieurs, dans les mères... ma position me le permettait... et enfin, après vingt ans de travaux de toute espèce, j'ai pu, grâce à de hautes protections, obtenir une honorable retraite.

SERINGUET.

Une pension ?

HORTENSIA (*avec fierté*).

Air : *d'Yelva.*

Une pension... non pas... je suis artiste,
Mon talent seul suffit à me nourrir,
De grand sujet... je m'enrôlai choriste,
Et dans la foule on me vit... en Zéphir,
D'un tel emploi, bientôt je fus honteuse,
Car je voulais briller aux premiers rangs...
Je réussis et fus nommée... ouvreuse,
Avec un droit d'un sou sur les p'tits bancs.

SERINGUET.

C'est une bien belle position... Mais tenez j'entends Faisandeau... vous allez pouvoir mettre à nu devant lui les motifs qui vous ont conduit ici.

Scène XI.

FAISANDEAU, SERINGUET, HORTENSIA.

FAISANDEAU (*il entre en regardant derrière lui et a l'air préoccupé*).

Je suis en nage... heureusement j'ai battu toutes les rues environnantes et je n'ai pas aperçu l'ombre d'Hortensia. (*il se détourne*). Ciel! que vois-je?

SERINGUET.

Qu'avez-vous donc?

HORTENSIA (*s'avançant avec colère vers Faisandeau*).

Me reconnais-tu, monstre?

FAISANDEAU (*à part*).

C'en est fait de moi... c'est bien elle?

SERINGUET (*se levant, à Faisandeau*).

Quel est ce nébuleux mystère?

FAISANDEAU.

Rien, mon cher... cette femme est folle...

HORTENSIA.

Ah! fichtre de fichtre!... en voilà un aplomb... moi folle! eh bien je veux te faire voir...

SERINGUET (*avec un geste d'indignation*).

Madame! respectez nos bureaux...

HORTENSIA.

Je me fiche pas mal de vos bureaux!... Faisandeau... me reconnais-tu?

FAISANDEAU.

Moi..., mais je...

HORTENSIA.

Pas de mais... pas de si... ne me fais pas sortir de mon caractère. Dis! me reconnais-tu?

SERINGUET.

Au fait... Faisandeau... formulez une réponse.

FAISANDEAU (*se tournant en furieux vers Hortensia*).

Eh bien non... *nom d'une cheville* ! non... je ne vous reconnais pas... je ne vous ai jamais vue... vous me tournez la cervelle... Ah ! mais !.. et si vous continuez à crier ainsi je vais vous flanquer à la porte... Ah ! mais...

HORTENSIA (*avec une expression de grotesque douleur*).

A la porte, moi... moi, Hortensia Plumasson ?... moi, que tu as adorée, triple perfide ?

SERINGUET.

Serait-il vrai, Faisandeau ?

HORTENSIA.

Moi, que tu as séduite ! !

SERINGUET.

Ah ! Faisandeau. Ah !...

HORTENSIA.

Puis inhumainement délaissée...

SERINGUET.

Ah ! c'est...

FAISANDEAU (*au comble de l'exaspération*).

C'est trop fort, en vérité... Madame !... Sortez, car, je le sens, je ne suis plus maître de moi...

HORTENSIA.

Oui, puisqu'il en est ainsi... oui, je sortirai... mais bientôt tu me reverras et je me vengerai...

SERINGUET (*allant à Hortensia*).

Madame, calmez-vous... ces menaces sont insolites.

HORTENSIA.

Quant à vous... mon bonhomme, fichez-moi la paix... (*A Faisandeau*) Au revoir, Faisandeau... au revoir, homme sans cœur. (*A Seringuet*) Adieu, vieux débauché... nous avons aussi un petit compte à régler ensemble... (*Elle sort*).

HORTENSIA.

AIR : *Duo de la Fausse Magie (Une Femme qui se jette par la Fenêtre).*

Ah ! je tremble de colère.

FAISANDEAU (*à Seringuet*).

N'écoutez pas sa colère.

HORTENSIA (*à Seringuet*).

Au revoir, vieux débauché.

SERINGUET.

Vit-on pareille vipère?

HORTENSIA.

Je connais tous vos péchés.

SERINGUET.

Va-t-en, démon d'imposture.
Je ne crains pas ta morsure,
Aussitôt vide ces lieux.

HORTENSIA.

Je méprise vos injures,
Vous ne m'intimidez pas,
Car sur vos laides figures
Je puis lire l'embarras.
J'en ris d'avance. (*ter*).

SERINGUET ET FAISANDEAU.

Quelle indécence (*ter*).

HORTENSIA.

Je sors, mais avec l'espérance
Dans un instant de vous revoir.

SERINGUET.

Non, jamais pareille insolence
Au grand jour ne se fit voir.

HORTENSIA.

Reprise.

Je méprise vos injures,
Vous ne m'intimidez pas,
Car sur vos laides figures
Et même dans vos allures
Je puis lire l'embarras.
Quelle colère (*ter*).

SERINGUET.

Vieille mégère (*ter*).

HORTENSIA.

De votre vertu si sévère
Ne faites-donc pas tant d'éclat.

SERINGUET.

Tais-toi, tu n'es qu'une mégère,
Ta seule place est au sabbat.

(*Hortensia sort.*)

Scène XIII.

SERINGUET, FAISANDEAU.

(Seringuet s'essuie le front ; il est en proie à une exaspération extrême).

SERINGUET.

Vieux débauché, moi ?... quel langage débraillé. (*A Faisandeau*) Après une scène de cette nature, vous devez présupposer, Faisandeau, qu'une explication entre nous est chose indispensable... Quelle est cette femme ?

FAISANDEAU.

Mais je ne sais,... je ne la connais pas...

SERINGUET.

Trève à ces échappatoires... on ne m'illusionne pas sur ce chapitre ;... votre trouble, l'incohérence de vos réponses n'étaient que trop palpables... *Nonobstant et pour conclure*, quelle est cette créature ?...

FAISANDEAU.

Je proteste...

SERINGUET.

Ne protestez pas... cette formalité judiciaire est du ressort spécial de Messieurs les huissiers,... répondez à cette simple locution interrogative... quels rapports eûtes-vous avec cette ex-danseuse ?

FAISANDEAU.

Quoi ! Hortensia vous a dit...

SERINGUET.

La profession qu'elle exerçait... rien de plus... rien de moins... c'est à vous de m'apprendre le reste.

FAISANDEAU.

Eh bien Seringuet... mon vieux, mon seul ami... puisqu'il il n'y a plus moyen de me taire... je vais vous donner une marque de mon entière confiance... Sachez donc qu'il y a vingt ans j'eus avec cette dame quelques rapports que je qualifierai...

SERINGUET.

Inutile... j'ai saisi.

FAISANDEAU.

Je ne tardai pas à rompre avec elle et la perdis de vue pendant fort longtemps ; mais, il y a huit ans de cela, le hasard me la fit rencontrer de nouveau... elle m'attira chez elle sous un prétexte habile et me fit promettre...

SERINGUET.

Promettre quoi ?...

FAISANDEAU (*hésitant de plus en plus*).

C'est là l'embarrassant à dire...

SERINGUET.

Mais encore...

FAISANDEAU (*atterré*).

De l'épouser.

SERINGUET.

L'épouser ! l'épouser !... serait-ce bien ce mot qui

frappa la pulpe de mon nerf auditif?... l'épouser! et vous fîtes une semblable promesse... malheureux? Et l'article six...

FAISANDEAU.

Je sais, mon cher Seringuet, que je dois subir vos reproches... mais j'eus la main forcée... dans l'appartement contigu j'entrevis.

SERINGUET.

Eh quoi donc?...

FAISANDEAU.

Un argument irrésistible!

SERINGUET.

Lequel?...

FAISANDEAU.

AIR : *Ami, voici la riante semaine.*

C'était mon cher un pouvoir invincible
Et devant lui tout mon sang s'est glacé.

SERINGUET.

La peur vous prit.

FAISANDEAU.

La chose est fort possible.
Car sur le coup je me crus trépassé
En le voyant je me crus trépassé.

SERINGUET.

Mais il fallait le poing muni d'une arme,
Lui courir sus... écraser l'ennemi,

FAISANDEAU.

Y songez-vous, encore j'en frémis,
Je vis paraître,

SERINGUET.

Eh quoi donc?

FAISANDEAU.

Un gendarme,
Oui devant moi se dressait un gendarme.

SERINGUET.

Ce motif est saisissant... *Nonobstant et pour conclure*, j'aime à me leurrer de la pensée que vous ne donnâtes aucune suite à ce projet de conjonction entre vous et cette parente de la force publique.

FAISANDEAU (*avec hésitation*).

Non certainement...

SERINGUET.

Oh!... alors,... une promesse verbale...

FAISANDEAU (*troublé*).

Autant en emporte le vent... (*A part*) Oh, ciel! s'il connaissait toute la vérité.

SERINGUET.

Il est heureux pour vous, Faisandeau, que vous ne vous soyez pas laissé aller avec cette femme à formuler vos engagements sur le papier; vous tombiez alors dans les conditions impératives de l'article six... Vous y songeâtes sans doute dans ce moment critique?...

FAISANDEAU.

La frayeur me l'avait fait oublier...

SERINGUET.

Est-il nécessaire que je le relate à votre mémoire; écoutez (*Il va à son bureau et prend dans un tiroir un papier timbré, il lit*)... « D'un acte de société conclu entre le sieur Polycarpe Seringuet, d'une part, et Pantaléon Faisandeau, d'autre part, il a été extrait ce qui suit :

FAISANDEAU (*à part*).

Je suis sur des charbons ardents.

SERINGUET.

Article 1, 2, 3, 4, 5. Ils sont sans importance,... je passe...

FAISANDEAU.

Oui, passons... passons...

SERINGUET.

Article six. « Vu la grande expérience que notre sieur Seringuet, a acquise du caractère généralement capricieux, souvent indomptable et toujours dominateur de la femme... Ayant reconnu que ce sexe enchanteur désillusionne et attriste notre vie par ses caprices, son inconstance, etc. » Six lignes de points pour l'énumération de ces diverses qualités. Reconnaissant que dans une société commerciale la femme devient le plus souvent un objet de préoccupation, un élément de troubles, de discordes et nuit par ce fait au succès de l'entreprise,... lesdits sieurs Seringuet et Faisandeau prennent la résolution formelle non-seulement de ne pas se marier mais de ne contracter aucun engagement de cette nature sans l'autorisation l'un de l'autre avant l'expiration de la société le quinze avril mil huit cent cinquante-cinq. En cas d'infraction audit article, le contrevenant payera à son associé cinquante mille francs à titre de dommages-intérêts ; la dissolution de la société en sera la conséquence forcée. »

Voilà Faisandeau... vous voyez que peu s'en est fallu que vous ne tombassiez dans les éventualités sus-détaillées.

FAISANDEAU.

Comment donc... aussi... n'ai-je pas été aussi loin.

SERINGUET.

Faisandeau, je devrais vous accabler sous le poids de mes reproches... mais je m'abstiens... *Nonobstant et pour conclure*, vous comprenez que cette sauteuse ne doit plus se reproduire ici... je ne le souffrirais pas...

FAISANDEAU (*avec assurance*).

Elle revenir ?... elle ne l'oserait pas.

Scène XIII.

HORTENSIA (*entre sur ces derniers mots*), SERINGUET, FAISANDEAU.

HORTENSIA (*à part*).

C'est ce qui te trompe ! astucieux Faisandeau..... (*haut*) hem, hem...

SERINGUET.

Qui vient donc nous déranger ?

FAISANDEAU (*se retournant*).

Ciel !... encore elle.

HORTENSIA (*d'un ton aimable*).

Pardon, Messieurs... je suis bien dans les bureaux de Messieurs Faisandeau Seringuet et Ce ?

SERINGUET (*à Faisandeau*).

Faisandeau, je vous impose silence... n'articulez aucune espèce de parole... (*s'avançant vers Hortensia*) Madame, que demandez-vous ?

HORTENSIA.

Je viens pour une obligation.

FAISANDEAU (*en portant la main à son front avec accablement*).

(*A part*) une obligation, c'est le coup de grâce, je suis perdu.

SERINGUET.

Une obligation ? un effet ?... en ce cas, Madame, descendez à la caisse et l'on vous soldera...

HORTENSIA.

Inutile... Monsieur... car on m'a dit que cette obligation n'était pas portée sur les livres...

SERINGUET.

Se peut-il ? un oubli de cette nature !... c'est impardonnable... donnez... donnez Madame.

FAISANDEAU (*vivement*).

Attendez, cher ami, ne vous dérangez pas... (*à Hortensia*). suivez-moi, Madame, les commis se trompent... je vais vérifier... Vous, Seringuet... restez ici.

HORTENSIA.

Non, *Monsieur* Faisandeau... je ne sortirai pas... car c'est à votre associé, lui-même, que je veux présenter mon titre.

SERINGUET (*avec impatience*).

Au fait... Madame, au fait...

HORTENSIA.

Le fait... le voici, mon vieux.

FAISANDEAU.

Les forces m'abondonnent... je flagelle... je suis ruiné.

SERINGUET (*lisant*).

En croirais-je mes yeux ? suis-je le jouet de quelqu'hallucination (*il lit*) Paris, le quinze mars mil huit cent quarante-deux, je soussigné souscris par le présent une promesse de mariage en bonne et due forme à Mademoiselle Hortensia Plumasson, laquelle promesse je m'engage à payer, à première réquisition à elle ou à son ordre, valeur reçue comptant. Signé, Faisandeau Seringuet et Ce (*à Faisandeau*) quoi... malheureux... vous engageâtes la signature sociale...

FAISANDEAU.

C'est une erreur... ça ne peut-être.

HORTENSIA (*reprenant son titre*).

Cela est pourtant en toutes lettres... Faisandeau Seringuet et Ce; le T ne paraît pas, mais le reste y est... donc j'attends mon paiement.

SERINGUET.

Mais, c'est une plaisanterie... Madame, vous voulez battifoler... c'est une mystification... cette obligation n'est pas valable... vous le savez. Ah! vous êtes fort drolatique...

HORTENSIA.

Du tout, mon brave homme, je ne plaisante pas... et si l'un de vous deux n'acquitte pas la dette... je poursuis...

FAISANDEAU.

En justice... on vous rira au nez...

HORTENSIA.

En justice, pas si ingénue... je sais que j'échouerais... non... non... mais je divulguerai partout votre conduite... je ferai imprimer, je publierai le texte de cette obligation et vous serez écrasés sous le ridicule...

SERINGUET (*que ces derniers mots ont frappé*).

Un instant, un instant, il y a peut-être moyen de s'entendre... de s'arranger... Faisandeau... vous souscrivîtes l'effet... allons ,mon cher, acquittez-le.

FAISANDEAU.

Moi... par exemple!...

SERINGUET.

Mais puisque vous l'aimâtes.

HORTENSIA (*avec sentiment*).

Oh! oui! qu'il m'aima! ingrat, ne te rappelles-tu plus mes brûlantes caresses.

FAISANDEAU.

Que trop, hélas!... merci, j'en ai assez...

HORTENSIA.

Mécréant!...

FAISANDEAU (*avec stupeur*)

Entre deux maux, il faut choisir le moindre... j'aime mieux payer le dédit...

HORTENSIA.

Quel dédit?

FAISANDEAU.

Oui... apprends qu'il y a un gredin de dédit entre Seringuet et moi pour le cas où l'un de nous aurait contracté un engagement de mariage, avant l'expiration de notre société.

HORTENSIA.

Et de combien est-il ce dédit ?...

FAISANDEAU.

Hélas ! de cinquante mille francs, rien que cela.

HORTENSIA.

Ça n'est pas mauvais, ça.

SERINGUET (*à Faisandeau*).

Mais, malheureux ! en ce faisant tu ne détournes pas l'orage de ridicule qui plane sur notre maison de commerce...

FAISANDEAU.

C'est vrai... je suis stupéfié... voyons Hortensia... humanise-toi... si l'on t'offrait de l'argent.

HORTENSIA.

Je refuserais.

FAISANDEAU.

De l'or !

HORTENSIA.

Je refuserais.

SERINGUET.

Qu'exigez-vous donc ?

HORTENSIA.

Un mariage...

FAISANDEAU.

Jamais, n'y comptez pas.

HORTENSIA.

Écoutez, je suis bonne personne, je veux bien faire une

concession. . . et d'abord, Faisandeau, appelez les jeunes gens, Monsieur Ernest et Mademoiselle Caroline.

FAISANDEAU.

Quel est votre projet? (*Faisandeau sort*).

SERINGUET.

Ma nièce ?. . . que voulez-vous faire ?

HORTENSIA.

Vous allez le savoir. . . mon vieux. . . Mais ne perdez pas de vue que votre associé vous a mis dans une fichue position. . . il s'agit pour vous d'en sortir le moins mal possible. . . Voici les jeunes gens.

Scène XIV.

HORTENSIA, SERINGUET, FAISANDEAU, ERNEST, CAROLINE.

HORTENSIA.

Approchez mes jeunes amis. . . je vous ai promis tantôt de m'intéresser à votre sort. . . j'ai rempli mes engagements. . . (*à Ernest*) j'ai demandé pour vous, à Monsieur Seringuet, la main de Caroline, et cet homme respectable. . .

SERINGUET.

Moi. . . mais je n'ai pas dit. . .

HORTENSIA (*entraîne Seringuet*).

Vous consentez. . . Ernest n'est-il pas votre. . . le fils de cette pauvre Clairville?

SERINGUET.

Quoi vous savez. . .

HORTENSIA.

Je sais tout. . . mais je suis discrète. . . grâce à votre consentement je vous dégage de la signature et vous rends votre obligation.

SERINGUET.

Mais Faisandeau... Caroline devait être un jour sa femme.

HORTENSIA.

C'est justement pour cela que je la donne à Ernest (*haut*) le Faisandeau m'a souscrit une promesse de mariage... j'endosse l'obligation à l'ordre d'Ernest, et Faisandeau s'acquitte en cédant sa future... rien de plus naturel... ainsi tout le monde est content...

FAISANDEAU.

Content pas du tout... toutefois j'y consens...

SERINGUET.

Mais les soixante mille francs de dédit.

HORTENSIA.

Oh ! j'y ai bien pensé... Faisandeau vous les paie...

FAISANDEAU.

Encore...

SERINGUET.

C'est juste, c'est légal (*il se frotte les mains*) c'est toujours ça de dédommagement.

HORTENSIA.

Et vous, mon vieux, vous les donnez pour dot à Ernest... puis vous vous retirez des affaires et Ernest prend avec le Faisandeau la suite de la maison.

ERNEST.

Oui, mais sans article six.

FAISANDEAU.

Oh ! diable, j'y tiens plus que...

SERINGUET.

Nonobstant et pour conclure, j'y consens... et, de fait, je ne serai pas fâché de repaître mes yeux de la vue des champs.

ERNEST (*à Hortensia*).

Oh ! Madame, que de reconnaissance nous vous devons.

CAROLINE.

Et comme nous vous aimerons !... tant de bonté... tant d'abnégation !

HORTENSIA.

Que voulez-vous, mes enfants... je fais des heureux... ça me rappelle mon ancien temps... Et je retourne à mes petits bancs ; car une artiste, voyez-vous, se doit tout entière à son public.

HORTENSIA (*au public*).

AIR : *Mademoiselle Garcin.*

De cet effet, souscrit par imprudence,
Avec succès faisant valoir les droits,
J'obtiens enfin paiement de ma créance
Sans me livrer à de coûteux excès.
Mais qu'ai-je dit, Messieurs, votre justice
Peut seule ici formuler un arrêt
A ce billet, qu'elle soit donc propice :
Il est si dur d'encourir un protêt.

FIN.

Vu par le Sous-Préfet.
Le Havre, le 8 *Janvier* 1851.
DU VILLARS.

Vu par le Préfet de la Seine-Inférieure,
qui autorise la représentation de la pièce.
Rouen, le 11 *Janvier* 1851.
E. LEROY.

www.ingramcontent.com/pod-product-compliance
Lightning Source LLC
LaVergne TN
LVHW020628110826
845149LV00004B/1086

* 9 7 8 2 0 1 9 1 6 1 8 4 2 *